Bouquet de

PROVENCE

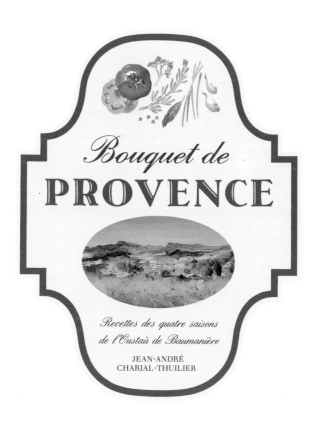

Bouquet de PROVENCE

*Recettes des quatre saisons
de l'Oustaù de Baumanière*

JEAN-ANDRÉ
CHARIAL-THUILIER

SOLAR

ISBN : 2-263-01751-8
N° d'éditeur : 1880
Dépôt légal : juin 1991

Photocomposition : Bourgogne Compo, Dijon
Imprimé en Grande-Bretagne

$\mathcal{S}$OMMAIRE

« Naturellement, vous aimez la Provence. Mais quelle Provence ? Il y en a plusieurs. Une est toute nue, à peine voilée d'un maillot de bain à dessins cubistes, et noire d'un hâle étudié... Celle-là, je la salue à peine quand je la rencontre. Une autre perche sur les petits monts aérés, secs, où tout est d'azur, le ciel, le silex pailleté, l'arbuste bleuâtre. Il y a des morceaux de Provence gras, herbus, baignés de sources, de petites Provences italiennes, même espagnoles ; une Provence – peut-être est-elle ma préférée – maritime, pays de calanques d'un bleu qui n'est point suave mais féroce, de petits ports huileux qu'on ne déchiffre qu'à travers une grille de mâts et de cordages... »

Colette, *Prisons et paradis*

$\mathscr{P}$RINTEMPS

C'est le temps de la renaissance et sur les marchés arrivent en foule les légumes nouveaux, frais et tendres : fèves, haricots mange-tout, petits pois, artichauts et asperges du village de Lauris, sur les bords de la Durance. Les agneaux de l'année, déjà assurés sur leurs pattes, atteignent six à huit semaines, et les saumons commencent leur long voyage de retour vers le cours supérieur de la Loire. C'est la belle époque pour les cuisiniers.

La saison nouvelle offre en effet tout ce qu'il faut pour préparer des plats tout en fraîcheur parfumée... Mais il ne faut pas oublier que les ingrédients principaux sont l'amour et le plaisir de bien faire la cuisine : dans une scène de la trilogie de Marcel Pagnol, *Marius, Fanny, César,* le petit Césario proteste parce que son pull-over, tricoté par sa grand-mère, le démange. « Ce pull-over, le gronde gentiment César, n'est pas fait avec de la laine, mais avec de l'amour... »

Il en est de même pour l'art culinaire.

« Tous les bruits du printemps chantaient, et la terre et le ciel étaient pleins d'échos comme la vallée d'un ruisseau de montagne. Des sauterelles vertes crissaient déjà, les grillons craquaient et les grosses bourianes bourdonnaient du fond de la terre. »

Jean Giono, *Que ma joie demeure*

« C'est là qu'un beau matin d'avril la tentation vint me trouver à l'improviste. Elle sut me parler. C'était une tentation de printemps, une des plus douces qui soient, je pense, pour qui est sensible au ciel pur, aux feuilles tendres et aux fleurs fraîchement écloses. [...] Je partis à travers les champs. Ah ! le cœur me battait ! Le printemps rayonnait dans toute sa splendeur. Et quand je poussai le portail donnant sur la prairie, mille parfums d'herbes, d'arbres, d'écorce fraîche me sautèrent au visage. Je courus sans me retourner jusqu'à un boqueteau. Des abeilles y dansaient. Tout l'air, où flottaient les pollens, vibrait du frémissement de leurs ailes. »

Henri Bosco, *L'Enfant et la rivière*

PRINTEMPS

$\mathcal{M}$enu

Terrine d'artichauts à la crème de ciboulette

Saumon aux olives

Gigot d'agneau en croûte

Fèves fraîches à la menthe

Fondant chaud au chocolat

Velouté d'asperges aux huîtres

Rôti de thon frais à la provençale

Canard aux olives

Ragoût de fonds d'artichauts aux petits pois

Tarte aux pignons

Terrine d'Artichauts
à la Crème de Ciboulette

POUR 8 PERSONNES

4 kg d'artichauts
1 cuillerée à café de farine
1 citron
1 l de crème fraîche
8 jaunes d'œufs
quelques brins de ciboulette
crème fouettée
sel, poivre

A préparer la veille

Préparez les fonds d'artichauts. Pour cela, cassez les tiges, ôtez les feuilles dures extérieures et coupez les artichauts à la moitié de leur hauteur. A l'aide d'un couteau, retirez les parties dures, puis les feuilles. Dégagez les fonds et enlevez le foin.

Citronnez-les pour les empêcher de noircir et plongez-les dans l'eau bouillante salée, additionnée d'un peu de farine. Faites cuire environ 30 minutes.

Égouttez les fonds et coupez-les en lamelles de 5 millimètres d'épaisseur environ, rangez-les par couches successives dans une terrine et parsemez un peu de ciboulette ciselée entre chacune d'elles.

Mélangez les jaunes d'œufs avec la crème fraîche, salez, poivrez et nappez-en les artichauts.

Faites cuire au bain-marie, four préchauffé à 200 ºC, environ 30 minutes.

Laissez refroidir, démoulez et tranchez. Servez avec une petite crème fouettée aromatisée à la ciboulette.

Saumon aux Olives

POUR 4 PERSONNES

1 saumon frais de 800 g environ
200 g d'olives noires
2 échalotes
3 cuillerées à soupe de fumet de poisson
(voir recette p. 80)
5 cl de vin blanc
5 cl de vinaigre de xérès
1 cuillerée à soupe de crème fraîche
250 g de beurre
sel, poivre

Faites lever par votre poissonnier 4 beaux filets de 10 centimètres de long dans le saumon, en ayant soin de conserver la peau et d'ôter les arêtes.

Rangez les filets, côté peau, dans une poêle anti-adhésive et faites-les cuire à feu doux environ pendant 15 minutes.

Dénoyautez les olives noires et réduisez-les en purée.

Préparez le beurre blanc : mettez le vinaigre, le vin blanc, les échalotes hachées, le fumet de poisson et une pincée de sel dans une petite casserole sur feu vif.

Faites réduire jusqu'à évaporation presque complète. Ajoutez la crème fraîche et laissez réduire de nouveau, puis après avoir baissé le feu, incorporez petit à petit, en fouettant énergiquement, le beurre ramolli, jusqu'à ce que la sauce prenne une consistance crémeuse. Salez et poivrez selon votre goût.

Mélangez la purée d'olives au beurre blanc.

Enlevez la peau des filets avec un couteau. Versez la sauce dans un plat et dressez les filets au milieu.

Gigot d'Agneau en Croûte

POUR 4 PERSONNES

1 gigot d'agneau d'environ 1,2 kg
2 rognons d'agneau
60 g de beurre
1 petit verre de madère
thym, romarin
500 g de pâte feuilletée
1 jaune d'œuf
sel, poivre

Désossez le gigot en décollant la chair de l'os à l'aide d'un couteau pointu à lame fine jusqu'à la jointure. Sectionnez l'os, puis enlevez-le.

Préchauffez le four à 270 ºC.

Préparez la farce : nettoyez et coupez les rognons en petits cubes ; faites-les revenir au beurre dans une poêle. Au bout de 5 minutes, déglacez avec le madère, ajoutez le thym et le romarin, salez et poivrez légèrement. Laissez cuire encore 10 minutes.

Farcissez l'intérieur du gigot de cette préparation. Ficelez bien. Salez et poivrez le gigot. Badigeonnez-le avec un peu de beurre. Mettez à four chaud pour saisir la viande et lui faire rendre son eau.

Laissez cuire environ 15 minutes. Retirez le gigot du four et enlevez la ficelle.

Étalez la pâte feuilletée au rouleau, puis enveloppez-en le gigot. Soudez fermement à l'aide du pouce et de l'index et dorez le dessus avec un peu de jaune d'œuf battu.

18

Puis remettez au four 15 minutes pour achever la cuisson, jusqu'à ce que la pâte soit croustillante.

Fèves fraîches à la Menthe

POUR 4 PERSONNES

*2 kg de très jeunes fèves fraîches
20 cl de crème fraîche
10 feuilles de menthe fraîche
sel, poivre*

(L'utilisation de très jeunes fèves, appelées encore févettes, est préférable dans cette recette, car elles sont plus tendres que les autres.)

Écossez les fèves. Retirez la fine pellicule qui les recouvre. Faites-les cuire dans de l'eau bouillante salée pendant 3 à 4 minutes.

Pendant ce temps, versez la crème fraîche dans une sauteuse et faites-la réduire.

Ajoutez les fèves égouttées ainsi que les feuilles de menthe. Salez et poivrez.

Remuez délicatement pour ne pas briser les fèves.

Versez dans un plat et servez.

Fondant chaud au Chocolat

POUR 4 PERSONNES

75 g de chocolat noir
60 g de beurre
2 œufs
40 g de sucre

POUR LA CRÈME ANGLAISE

45 cl de lait
5 cl de crème fraîche
150 g de sucre
8 jaunes d'œufs
1 gousse de vanille

PRÉPARATION DE LA CRÈME ANGLAISE

A préparer la veille, de préférence.

Fendez la gousse de vanille en deux, dans le sens de la longueur. Mettez-la dans une casserole avec le lait et la crème fraîche. Faites chauffer doucement jusqu'à ébullition, puis laissez reposer 30 minutes.

Mélangez dans un grand bol les jaunes d'œufs et le sucre jusqu'à ce que la préparation blanchisse. Délayez peu à peu avec le lait parfumé et reversez la crème dans la casserole. Faites-la cuire lentement à feu doux jusqu'à ce qu'elle épaississe. La crème ne doit pas bouillir.

Pour vérifier la cuisson, trempez une cuillère en bois dans la casserole ; la crème doit napper la cuillère et garder l'empreinte de votre doigt si vous la touchez. Passez-la au chinois.

Laissez refroidir puis mettez au réfrigérateur jusqu'au moment de servir.

PRÉPARATION DU FONDANT

Préchauffez le four à 200 ºC.

Faites fondre le chocolat au bain-marie. Travaillez le beurre en pommade, puis mélangez-le au chocolat.

Battez les œufs et le sucre jusqu'à ce que ce dernier ait fondu et incorporez le mélange à la préparation précédente.

Beurrez 4 petits ramequins et versez-y la crème très délicatement.

Faites cuire au four à 200 ºC environ 12 minutes. Le centre doit rester légèrement liquide. Laissez reposer 10 minutes avant de démouler sur chaque assiette.

Entourez de crème anglaise et servez.

Velouté d'Asperges aux Huîtres

POUR 4 PERSONNES

24 asperges vertes moyennes
30 g de beurre
50 cl de fumet de poisson
(voir recette p. 80)
25 cl de crème fraîche
12 huîtres
sel, poivre

Épluchez les asperges et lavez-les dans l'eau froide. Coupez les pointes et faites-les cuire dans de l'eau bouillante salée. Rafraîchissez-les et égouttez-les.

Coupez les parties inférieures en petits morceaux et faites-les revenir dans un peu de beurre. Mouillez avec le fumet de poisson. Laissez mijoter pendant 20 minutes environ.

Ajoutez la crème fraîche et laissez réduire pendant 30 minutes jusqu'à ce que vous obteniez la consistance d'un velouté.

Ouvrez les huîtres et débarrassez-les de leur coquille. Faites-les tiédir dans leur eau dans une petite casserole. Ne les faites pas cuire trop longtemps, sinon elles durciraient.

Passez le velouté au chinois. Rectifiez l'assaisonnement en prenant garde de trop saler. Réchauffez-le rapidement.

Disposez dans chaque assiette creuse 3 huîtres, 6 pointes d'asperges et versez le velouté dessus. Servez immédiatement.

Rôti de Thon frais
à la Provençale

POUR 4 PERSONNES

1 belle tranche de thon frais d'environ 1 kg
12 cl de vin blanc sec
4 cuillerées à soupe d'huile d'olive
2 belles tomates
250 g de champignons de Paris
8 petits oignons frais
quelques olives noires
un peu de beurre
thym, estragon
sel, poivre

Épluchez les oignons. Lavez rapidement les champignons sous l'eau, coupez-les en quatre, laissez-les égoutter. Dénoyautez les olives. Pelez, épépinez et coupez les tomates.

Dans une cocotte en fonte, faites chauffer l'huile d'olive avec une noix de beurre. Déposez-y la tranche de thon. Salez et poivrez. Après avoir fait dorer les deux

24

faces, baissez le feu et laissez cuire environ 15 minutes, à découvert. Déglacez avec le vin blanc. Ajoutez les morceaux de tomates, un peu de thym, quelques feuil-

les d'estragon, les champignons, les olives noires et les petits oignons.

Couvrez, baissez le feu et laissez mijoter pendant 30 minutes.

Vérifiez la cuisson et rectifiez l'assaisonnement. Dressez la tranche de thon sur un plat bien chaud et nappez-la avec la sauce de cuisson.

Servez avec un plat de nouilles au beurre parsemées de gruyère ou, mieux, de parmesan.

Les plats mijotés comme celui-ci nécessitent une cuisson douce et uniforme. Si vous n'avez pas de plaques électriques, mettez d'abord sur la flamme un répartiteur de chaleur qui évitera à vos préparations de brûler.

Canard aux Olives

POUR 4 PERSONNES

1 canard d'environ 1,8 kg
60 g de beurre
2 carottes
1 oignon
1 échalote
1 gousse d'ail
1 poireau
1 céleri
50 cl de vin rouge
50 cl de madère
125 g d'olives noires
non dénoyautées
125 g d'olives vertes
non dénoyautées
sel
poivre
fraîchement moulu

Préchauffez le four à 280 ºC.

26

Pelez les carottes, l'oigon, l'échalote et la gousse d'ail. Lavez le céleri et le poireau.

Coupez le tout en petits dés.

Retirez les abattis du canard : cou, extrémité des ailes, pattes, et taillez en petits morceaux. Prélevez le foie et réservez-le.

Dénoyautez les olives noires et vertes et conservez les noyaux. Faites blanchir 5 minutes les olives vertes dans l'eau en ébullition afin qu'elles perdent leur amertume.

Faites rôtir le canard à four très chaud 40 minutes.

PRÉPARATION DU FOND DE CANARD

Dans 20 grammes de beurre, faites dorer les légumes ainsi que les abattis de canard.

Mouillez avec le vin et un peu d'eau et laissez cuire à petits bouillons environ 30 minutes, en écumant de temps en temps, jusqu'à réduction d'un quart. Passez au chinois.

PRÉPARATION DE LA SAUCE

Pendant la cuisson du canard, mettez le madère avec les noyaux d'olives dans une sauteuse et faites réduire de moitié. Ajoutez alors le même volume de fond de canard et laissez de nouveau bien réduire, puis ajoutez le foie de canard haché pour lier la sauce. Salez et poivrez. Passez au chinois.

Au dernier moment, à feu très doux, faites monter la sauce avec le reste du beurre que vous ajouterez, cuillerée par cuillerée, en fouettant énergiquement.

Versez ensuite les olives.

Posez le canard dans un plat creux et entourez-le de sauce.

Ragoût de Fonds d'Artichauts aux Petits Pois

POUR 4 PERSONNES

8 artichauts
200 g de petits pois frais
100 g de champignons de Paris
bien blancs
1 citron
1 petit bouquet de cerfeuil
2 cuillerées à soupe d'huile d'olive
1 cuillerée à soupe de vinaigre
sel, poivre

Nettoyez les champignons et émincez-les. Écossez les petits pois. Hachez le cerfeuil.

Préparez les artichauts. Pour cela, cassez les tiges, ôtez les feuilles extérieures et coupez les artichauts à la moitié de leur hauteur. A l'aide d'un couteau, retirez les parties dures, puis les feuilles. Dégagez les fonds et enlevez le foin. Citronnez-les pour les empêcher de noircir et plongez-les dans de l'eau très légèrement vinaigrée.

Coupez les fonds d'artichauts en quartiers et mettez-les dans une casserole à fond épais avec 2 cuillerées
à soupe d'huile d'olive. Salez, poivrez, couvrez et
laissez cuire 15 minutes à feu doux.

Ajoutez les petits pois, couvrez de nouveau et poursuivez la cuisson 30 minutes.

Mettez les champignons et laissez cuire à feu très
doux, pendant 5 minutes.

Versez dans un plat et parsemez de cerfeuil ciselé.

Tarte aux Pignons

POUR 4/6 PERSONNES

20 g de pignons

POUR LA PATE SABLÉE

150 g de beurre
250 g de farine
60 g de « tant-pour-tant »
(soit 30 g de sucre glace
et 30 g de poudre d'amandes mélangés)
60 g de sucre glace
1 œuf

POUR LA CRÈME AUX AMANDES

100 g de beurre
100 g de sucre glace
100 g de poudre d'amandes
2 œufs
2 cuillerées à soupe de rhum

PRÉPARATION DE LA PATE

Travaillez le beurre du bout des doigts pour qu'il ramollisse.

Mélangez rapidement la farine, le tant-pour-tant et le beurre à la main et disposez en fontaine.

Ajoutez le sucre glace et l'œuf et pétrissez le tout – le moins longtemps possible –, de façon à obtenir une pâte homogène. Évitez surtout de trop malaxer la pâte, car vous n'obtiendriez pas la consistance voulue.

Abaissez la pâte au rouleau sur un marbre froid, de préférence, et garnissez-en un moule à tarte de 23 centimètres de diamètre.

PRÉPARATION DE LA CRÈME AUX AMANDES

Dans un bol, malaxez le beurre pour lui donner la consistance d'une pommade.

Incorporez le sucre, puis la poudre d'amandes. Travaillez au fouet pour obtenir un mélange homogène.

Ajoutez 1 œuf. Travaillez de nouveau au fouet pendant 3 à 4 minutes, le temps que le mélange prenne du volume. Incorporez le second œuf et continuez de battre encore 3 à 4 minutes. Versez le rhum (ou un autre alcool de votre choix) pour parfumer. Mélangez.

Versez cette crème dans le moule et parsemez de pignons que vous enfoncerez légèrement pour qu'ils restent en place pendant la cuisson.

Mettez au four à 180 ºC pendant 30 à 40 minutes. Laissez refroidir avant de servir.

« La nuit était veloutée et flottante. Elle claquait doucement contre les joues comme une étoffe, puis elle s'en allait avec son soupir et on l'entendait se balancer dans les arbres. Les étoiles remplissaient le ciel. Ce n'était plus les étoiles d'hiver, séparées, brillantes. C'était comme du frai de poisson. Il n'y avait plus rien de formé dans le monde, même pas de choses adolescentes. Rien que du lait, des bourgeons laiteux, des graines laiteuses dans la terre, des semences de bêtes et du lait d'étoiles dans le ciel. Les arbres avaient l'odeur puissante de quand ils sont en amour. »

Jean Giono, *Que ma joie demeure*

« Je suis dans une rage de travail,
puisque les arbres sont en fleurs et
que je voulais faire un verger de
Provence d'une gaieté monstre. »

Vincent Van Gogh, *Lettres d'Arles*

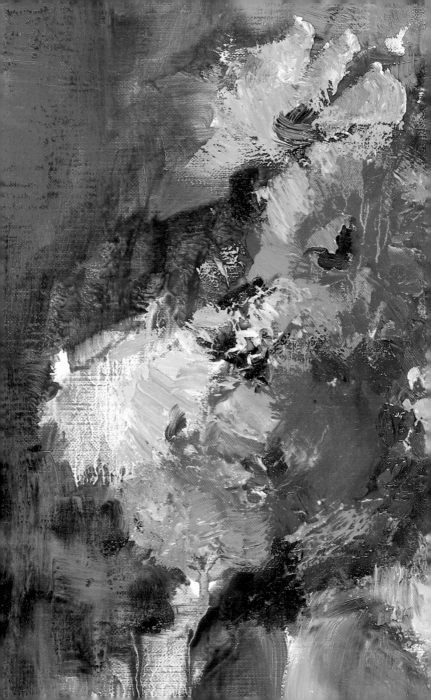

TÉ

L'été, c'est le temps d'abondance, au potager : les fruits et les légumes prennent les couleurs de la maturité, et les étals, au marché, offrent leurs cascades et leurs avalanches d'aubergines, de tomates, de poivrons, de courgettes, de salades de toutes sortes, de menthe, de persil, de cassis, de groseilles, de framboises, de pêches, et de tous les fruits succulents, de toutes les herbes aromatiques de cette région bénie des dieux. Nulle part le basilic n'exhale un parfum plus fort ni plus délicieux !

Les senteurs jouent un rôle prééminent dans la vie et dans la cuisine provençales. En effet, les plats confectionnés avec cette multitude de produits parfumés sont tout en nuances délicates. On ne trouve pas là les saveurs fortes et tranchées que l'on rencontre dans d'autres régions ; le palais des Provençaux aime la subtilité, et leur cuisine réjouit la délicatesse des odorats et des goûts.

« [...] ils burent la bouteille de vin alors qu'un vent léger bougeait les aiguilles de pin et que la sensuelle chaleur du début de l'après-midi faisait des taches de rousseur aveuglantes sur la nappe à damier du repas de midi. »

F. Scott Fitzgerald, *Tendre est la nuit*

« Deux hectares, vignes, orangers, figuiers à fruits verts, figuiers à fruits noirs ; quand j'aurai dit que l'ail, le piment et l'aubergine comblent, entre les ceps, les sillons de la vigne, n'aurai-je pas tout dit ? Il y a aussi une maison ; mais elle compte moins – petite, basse d'étage – que sa terrasse couverte de glycine, par exemple, ou que le bignonier à flammes rouges, ou bien que les vieux mimosas à gros tronc, qui rangés de la grille au seuil lui font honneur. »

Colette, *Prisons et paradis*

$\mathscr{E}$ $\overline{\overline{\text{TÉ}}}$

*M*enu

Salade de haricots verts aux grillons de ris de veau

Rouget poché à la nage au basilic

Pigeons au miel

Gratin d'aubergines

Sorbet à la fraise

Petits farcis

Turbot en bourride

Râble de lapin rôti au basilic

Gratin de courgettes

Soufflé chaud à la menthe et sa sauce au chocolat

Salade de Haricots Verts
aux Grillons de Ris de Veau

POUR 4 PERSONNES

500 g de haricots verts frais
8 ris de veau
1 tomate
1 carotte
1 poireau
1 oignon
1 bouquet garni
10 cl de vin blanc
10 cl de fond de volaille
3 cuillerées à soupe de vinaigre de xérès
huile d'olive
20 g de beurre
quelques brins de ciboulette
sel, poivre

Préchauffez le four à 220 ºC.

PRÉPARATION DES RIS DE VEAU

Lavez les ris de veau, et mettez-les sur le feu dans une casserole d'eau additionnée de 1 cuillerée à soupe de vinaigre. Retirez-les dès que l'eau bout et égouttez-les. A l'aide d'un couteau pointu, enlevez la fine membrane qui les recouvre.

Nettoyez les légumes et coupez-les en rondelles. Faites-les revenir avec les ris de veau dans un peu de beurre. Remuez bien.

Mouillez avec le fond de volaille, le vin, ajoutez le

bouquet garni. Ôtez du feu, couvrez et mettez à braiser
à four doux pendant 15 minutes.

PRÉPARATION DES HARICOTS VERTS

Cassez les extrémités des haricots verts et effilez-les.
Faites-les blanchir dans de l'eau bouillante suffisamment salée.

Dès qu'ils sont cuits, rafraîchissez-les sous l'eau
froide pour qu'ils restent bien verts.

PRÉPARATION DE LA SALADE

Pelez et épépinez la tomate, coupez-la en petits dés.

Découpez les ris de veau en lamelles et faites-les
sauter dans un peu d'huile d'olive très chaude, jusqu'à
ce qu'ils soient dorés et croustillants.

Préparez la vinaigrette en mélangeant le reste de
vinaigre, du sel, du poivre et de l'huile d'olive.

Assaisonnez les haricots verts avec la vinaigrette et
disposez-les sur une assiette avec les dés de tomate.
Posez dessus les lamelles de ris de veau. Parsemez de
ciboulette ciselée et servez aussitôt.

Rouget poché
à la Nage au Basilic

POUR 4 PERSONNES

4 rougets d'environ 200 g
4 rondelles d'orange
4 rondelles de citron
4 feuilles de laurier

POUR LE COURT-BOUILLON

3 l d'eau
10 cl de vinaigre blanc
50 cl de vin blanc sec
le jus de 1/2 citron
3 gousses d'ail
1 branche de thym
1 feuille de laurier
4 carottes
2 oignons
150 g de céleri-branche
1 vert de poireau
sel, poivre

POUR LA SAUCE

1/4 l d'huile d'olive extra-vierge
(de la vallée des Baux, de préférence)
20 feuilles de basilic
5 feuilles d'estragon
5 branches de persil
1 tomate
1 petite gousse d'ail
quelques gouttes de vinaigre de xérès
sel, poivre

PRÉPARATION DE LA SAUCE

A préparer 2 ou 3 jours à l'avance ou à la rigueur la veille, afin que les parfums se mêlent bien.

Hachez finement les feuilles de basilic, d'estragon et de persil.

Pelez et épépinez la tomate, coupez-la en petits dés. Épluchez l'ail et écrasez-le.

Versez l'huile dans un grand bol, mettez-y les herbes, les dés de tomate et l'ail. Ajoutez quelques gouttes de vinaigre, salez et poivrez. Laissez bien macérer.

CUISSON DU POISSON

Épluchez et lavez les légumes. Coupez les oignons, les carottes, le poireau en rondelles et le céleri en petits bâtonnets. Écrasez l'ail. Mettez tous les légumes et les herbes dans une casserole, couvrez avec de l'eau froide additionnée du jus de citron, du vin blanc et du vinaigre. Salez et poivrez. Portez à ébullition, puis faites cuire à feu doux environ 30 minutes.

Pendant ce temps, écaillez les rougets mais ne les videz pas. Posez chaque poisson sur une feuille de papier d'aluminium. Déposez sur chacun d'eux une rondelle d'orange et une de citron, ainsi qu'une feuille de laurier ; fermez bien les papillotes et plongez vos rougets ainsi préparés dans le court-bouillon ; laissez cuire 10 minutes environ.

Dès qu'ils sont cuits, ouvrez les papillotes, dressez les rougets sur un plat et servez avec la sauce à part.

Pigeons au Miel

POUR 4 PERSONNES

4 pigeons
6 cuillerées à soupe de miel
des Alpilles
2 cuillerées à café de graines
de coriandre
1 cuillerée à café de poivre noir
en grains
1 cuillerée à soupe de fond de pigeon ou de volaille
75 g de beurre
10 cl de vin blanc sec

Avec un moulin à poivre, écrasez la coriandre et le poivre, et mélangez-les au miel.

Videz les pigeons et bridez-les, ou faites-les préparer par votre boucher.

Dans une cocotte, faites fondre 20 grammes de beurre. Dès qu'il mousse, faites revenir les pigeons pendant 5 à 6 minutes.

Lorsqu'ils sont bien dorés, badigeonnez-les du mélange miel, poivre et coriandre.

Couvrez, baissez le feu, retournez les pigeons et réservez-les au chaud.

Déglacez le fond de la cocotte avec le vin blanc.

Ajoutez le fond de volaille et montez légèrement avec le reste du beurre.

Remettez les pigeons dans la cocotte et laissez mijoter 2 minutes environ.

Gratin d'Aubergines

POUR 4 PERSONNES

4 aubergines
2 cuillerées à soupe d'huile d'olive
quelques feuilles de basilic
chapelure

POUR LA CONCASSÉE
DE TOMATES

2 kg de tomates
1 oignon
3 gousses d'ail
4 cuillerées à soupe d'huile d'olive
1 cuillerée à soupe de sucre
1 cuillerée à soupe de concentré de tomates
quelques feuilles de basilic ou d'estragon
(facultatif)
3 branches de persil
1 branche de thym
1 feuille de laurier
sel, poivre

PRÉPARATION DE LA CONCASSÉE DE TOMATES

Épluchez les gousses d'ail, pelez et hachez l'oignon.

Enlevez le pédoncule des tomates à l'aide d'un couteau pointu et plongez les fruits quelques secondes dans une casserole d'eau bouillante, puis dans de l'eau froide : vous pourrez les peler plus facilement. Coupez-les en deux dans le sens de la largeur et épépinez-les.

Versez l'huile d'olive dans une sauteuse et faites-y dorer les gousses d'ail entières.

Ajoutez l'oignon haché et laissez cuire doucement, puis ajoutez les tomates, le concentré de tomates, le sucre, le persil, le thym, le laurier et, éventuellement, quelques feuilles de basilic ou d'estragon. Salez et poivrez. Laissez cuire 1 heure à feu doux.

PRÉPARATION DES AUBERGINES

Épluchez les aubergines et coupez des tranches de 3 millimètres d'épaisseur dans le sens de la longueur.

Dans une grande poêle, versez 1 cuillerée à soupe d'huile d'olive et faites-y frire les tranches d'aubergines sur les deux faces jusqu'à ce qu'elles aient une belle couleur dorée. Dès qu'elles sont cuites, faites-les égoutter au fur et à mesure sur une feuille de papier absorbant.

PRÉPARATION DU GRATIN

Dans un plat à gratin, versez 1 cuillerée à soupe d'huile d'olive et nappez-en le plat.

Étalez une couche de concassée de tomates, posez dessus quelques tranches d'aubergines et parsemez de basilic haché. Renouvelez l'opération et terminez par une couche de concassée de tomates. Saupoudrez de chapelure et placez au four au bain-marie pendant 15 minutes. Servez chaud.

Sorbet à la Fraise

POUR 4/6 PERSONNES

500 g de fraises
400 g de sucre
1/2 l d'eau

Faites dissoudre le sucre dans l'eau. Portez à ébullition pour obtenir un sirop léger. Retirez du feu et conservez au frais.

Broyez au mixer des fraises bien mûres : vous devez obtenir 1/2 litre de purée de fraises.

Mélangez cette purée au sirop puis versez dans la sorbetière. Laissez prendre environ 20 minutes.

Servez le sorbet dans des verres et décorez de fraises fraîches.

Petits Farcis

POUR 4 PERSONNES

4 courgettes
4 oignons
4 tomates
1 kg de gros champignons de Paris
100 g de jambon blanc
1 petit morceau de viande d'agneau
1 échalote
1/2 citron
50 g de beurre
quelques brins de ciboulette
100 g de parmesan fraîchement râpé
sel, poivre

Lavez et coupez les courgettes en tronçons d'environ 5 centimètres de long, et pelez un tronçon sur deux. Creusez-les et réservez la chair pour la farce ; faites-les tous cuire à l'eau bouillante salée. Rafraîchissez-les et égouttez-les.

Pelez les oignons et faites-les cuire aussi à l'eau bouillante salée, puis rafraîchissez-les, séchez-les et coupez-les aux trois quarts de leur hauteur après les avoir égouttés. Conservez la partie supérieure. Évidez-les en ne laissant subsister tout autour et au fond qu'une épaisseur de deux couches ; conservez l'intérieur pour la farce.

Prenez 4 gros champignons, enlevez les pieds et creusez légèrement les têtes avec une cuillère ; citronnez-les après les avoir lavés, et mettez-les de côté.

Hachez les pieds et la chair des champignons et préparez une duxelle qui servira d'élément de base pour les différentes farces. Pour cela, faites-les sauter dans un peu de beurre avec un hachis d'échalote jusqu'à ce que le mélange ait perdu toute son eau. Divisez en 4 parts égales.

Préchauffez le four à 220 ºC.

Préparez la farce des courgettes : hachez la chair des courgettes que vous avez réservée à cet effet, et mélangez-la avec une part de duxelle de champignons ; salez, poivrez, ajoutez un peu de ciboulette ciselée et remplissez les tronçons de courgettes de cette farce. Saupoudrez de parmesan.

Pour farcir les oignons, procédez comme pour les courgettes, c'est-à-dire mélangez le hachis de champignons avec l'intérieur des oignons. Assaisonnez et garnissez les oignons de cette préparation.

Pour les champignons, mélangez une part de duxelle de champignons avec un peu de jambon blanc haché. Salez et poivrez. Remplissez les têtes et poudrez de parmesan.

Pour la farce des tomates, faites sauter un peu de viande d'agneau hachée finement avec le reste des champignons, ajoutez un peu de sel et de poivre. Farcissez les tomates que vous aurez préalablement décalottées, épépinées et égouttées. Mettez-les dans un plat, couvrez-les de leur chapeau et mettez à cuire au four 15 minutes. Au bout de 5 minutes, ajoutez les autres légumes et faites gratiner les courgettes et les champignons.

Dressez sur chaque assiette les quatre petits légumes farcis et arrosez d'un peu de jus de viande.

Turbot en Bourride

POUR 4 PERSONNES

1 turbot de 2 kg
200 g d'ail
4 jaunes d'œufs
25 cl de vin blanc sec
1 l de fumet de poisson
(voir recette p. 80)
50 cl d'huile d'olive
2 échalotes
4 pommes de terre
sel, poivre

Demandez à votre poissonnier de vous lever les filets d'un beau turbot et faites 4 parts égales.

Préparez ensuite l'aïoli : épluchez l'ail, pilez-le très finement dans un mortier.

Ajoutez les jaunes d'œufs, un peu de sel et de poivre, et montez à l'huile d'olive que vous verserez tout doucement en remuant sans arrêt, de façon à obtenir une sauce bien ferme. Réservez.

Épluchez et hachez les échalotes, mettez-les dans une casserole avec le vin blanc et le fumet de poisson, et faites réduire de moitié.

Pelez et faites cuire les pommes de terre à la vapeur. Conservez au chaud.

Incorporez ensuite, cuillerée par cuillerée, l'aïoli dans la réduction de vin blanc et de fumet de poisson : vous devez obtenir une sauce onctueuse. Goûtez et rectifiez l'assaisonnement. Ne faites surtout pas bouillir cette sauce car elle tournerait.

Faites cuire les filets de turbot dans un peu de fumet de poisson, au four chaud, pendant 3 minutes environ. Dressez-les ensuite sur chaque assiette, nappés de sauce et accompagnés des pommes de terre. Servez aussitôt.

Râble de Lapin
rôti au Basilic

POUR 2 PERSONNES

2 lapins de 1,2 kg chacun
600 g d'épinards frais
30 g de beurre
1 bouquet de basilic
25 cl d'huile d'olive
1/2 cuillerée à café de vinaigre de xérès
1 tomate
sel, poivre

Préchauffez le four à 280 ºC.

Préparez la sauce : hachez finement les feuilles de basilic. Pelez et épépinez la tomate et coupez-la en petits dés, faites macérer le tout dans l'huile d'olive, le vinaigre et du sel.

Découpez les lapins en morceaux. Conservez uniquement les deux râbles, réservez le reste pour une autre préparation.

Salez et poivrez les râbles, mettez-les dans un plat beurré et faites-les cuire au four chaud 12 minutes.

Nettoyez, faites blanchir et épongez les épinards. Faites-les sauter dans un peu de beurre, salez et poivrez.

Dressez sur chaque assiette les épinards au centre et le râble de lapin émincé autour, puis nappez avec la sauce tiède. Servez immédiatement.

Gratin de Courgettes

POUR 4 PERSONNES

4 courgettes
10 brins de ciboulette
4 branches de persil
25 g de beurre
100 g de champignons de Paris
30 cl de crème fraîche
sel, poivre

Pelez grossièrement les courgettes et découpez des rondelles de 2 millimètres d'épaisseur.

Hachez le persil et la ciboulette. Nettoyez et émincez les champignons.

Mettez le four à chauffer au maximum, avec le plat destiné au bain-marie contenant 3 centimètres d'eau. Pour éviter l'ébullition en cours de cuisson, posez au fond du plat une feuille de papier journal que vous aurez pliée en deux.

Pendant ce temps, plongez les rondelles de courgettes 3 minutes dans une grande casserole d'eau salée en ébullition. Retirez-les à l'aide d'une écumoire et égouttez-les bien.

Faites-les revenir à la poêle avec 15 grammes de

beurre jusqu'à ce qu'elles dorent. Salez, poivrez et parsemez du hachis de ciboulette et de persil.

Faites revenir également les champignons émincés à la poêle avec le reste de beurre.

Versez la crème dans un plat à gratin, mettez celui-ci sur le feu et laissez réduire ; elle doit épaissir.

Ôtez le plat du feu, garnissez-le d'une couche de courgettes, puis d'une couche de champignons, terminez par une couche de courgettes. Enfoncez les légumes au fur et à mesure de façon que la crème les recouvre totalement.

Laissez cuire 10 minutes au bain-marie, au four chauffé à 200 ºC.

Soufflé chaud à la Menthe
et sa Sauce au Chocolat

POUR 6/8 PERSONNES

POUR LE SOUFFLÉ A LA MENTHE

25 cl de lait
130 g de menthe fraîche
2 jaunes d'œufs
50 g de sucre
25 g de farine
6 blancs d'œufs
2 cuillerées à soupe d'alcool de menthe

POUR LA SAUCE AU CHOCOLAT

10 cl de lait
125 g de chocolat noir
50 g de crème fraîche
10 g de beurre
1 petit verre de sirop de menthe

PRÉPARATION DE LA CRÈME PATISSIÈRE

Faites bouillir le lait, puis retirez du feu. Mettez-y à infuser 100 grammes de menthe, à couvert, pendant au moins 1 heure, puis passez au chinois.

Versez dans un bol le sucre et les jaunes d'œufs. Fouettez le mélange jusqu'à ce qu'il blanchisse. Incorporez alors la farine en soulevant la pâte, puis ajoutez le lait chaud et mélangez.

Remettez dans la casserole à feu doux, en tournant sans cesse jusqu'aux premiers signes d'ébullition. Retirez du feu et laissez refroidir.

Pendant ce temps, hachez très finement le reste des feuilles de menthe afin d'en obtenir 3 ou 4 cuillerées à soupe. Incorporez-les à la crème refroidie ainsi que l'alcool de menthe. Donnez trois tours de fouet à main pour bien mélanger.

PRÉPARATION DU SOUFFLÉ

Montez les blancs en neige ferme. (Les blancs conservés dans un bol au frais, puis lentement amenés à température ambiante, seront plus faciles à monter et tiendront mieux.)

Incorporez-les à la crème pâtissière et mélangez avec une spatule, de façon à ne pas casser les blancs en neige.

Préchauffez le four à 230 °C.

Vous pouvez préparer le soufflé soit dans un grand moule à soufflé, soit dans des ramequins individuels.

Dans l'un et l'autre cas, il est impératif de chemiser l'intérieur avant d'y verser la préparation, c'est-à-dire de frotter l'intérieur du moule avec un morceau de beurre puis de le saupoudrer de sucre. Ensuite, il vous faut retourner le moule et tapoter le fond pour faire tomber l'excès de sucre.

Garnissez le moule à soufflé aux trois quarts. Mettez à four chaud pendant environ 12 minutes. Le soufflé est cuit lorsqu'il est bien gonflé.

PRÉPARATION DE LA SAUCE AU CHOCOLAT

Pendant que le soufflé cuit, faites chauffer la crème avec le lait. Mettez-y à fondre le chocolat. Ajoutez le beurre et le sirop de menthe et mélangez bien. Versez dans une saucière. Si la sauce a été préparée à l'avance, réchauffez-la à feu très doux.

Disposez une part de soufflé dans chaque assiette et versez la sauce tout autour. Si vous avez choisi d'utiliser de petits ramequins individuels, faites un trou au sommet de chaque soufflé et versez-y délicatement un peu de sauce au chocolat.

Attention : servez vite car un soufflé n'attend jamais !

« Un joli bois de pins tout étincelant de lumière dégringole devant moi jusqu'au bas de la côte. A l'horizon, les Alpilles découpent leurs crêtes fines... Pas de bruit... A peine, de loin en loin, un son de fifre, un courlis dans les lavandes, un grelot de mule sur la route... Tout ce beau paysage provençal ne vit que par la lumière. »

Alphonse Daudet, *Lettres de mon moulin*

« Il fait encore très chaud. L'été s'enfonce dans septembre avec ses grandes poussières, ses buées du matin et, le soir, ses parfums immenses d'herbes sèches, de pins, de rocailles brûlantes et de bois calciné. »

Henri Bosco, *Le Mas Théotime*

UTOMNE

Dans les vignobles, les grosses grappes noires ou blanches pèsent sur les sarments à les briser ; dans les champs, les vergers et les potagers, on cueille, on arrache, on ramasse, on gaule... et on sème aussi pour la saison prochaine. C'est le temps de la vendange, mais également celui des grandes balades dans les bois et les forêts, à la recherche des cèpes et des chanterelles. Avant les premiers froids, on cueille les dernières tomates qu'on laissera mûrir sur le rebord de la fenêtre, et l'on coupe les gros choux...

Les tables provençales se chargent de gibier de toutes sortes, assaisonné d'aromates récoltés pendant l'été et séchés. Toutefois, il faut éviter de trop les mélanger, pour conserver un parfum dominant, et il convient de bien les doser, afin qu'ils ne submergent pas complètement toutes les saveurs des viandes ou des légumes.

« Enfin, l'automne commença à suinter dans les maisons et les étables. C'était une odeur comme quand on a ouvert toutes les boîtes d'herbes à tisane. »

Jean Giono, *Que ma joie demeure*

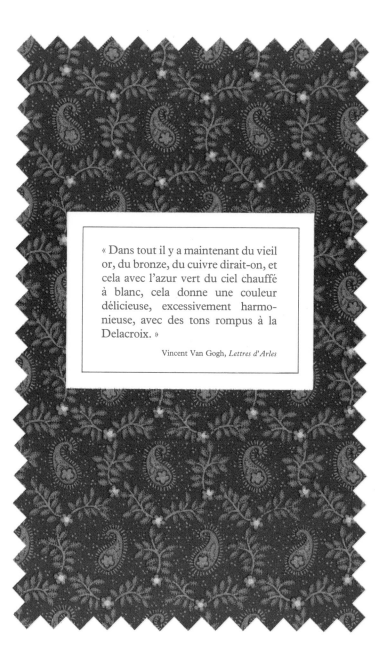

« Dans tout il y a maintenant du vieil
or, du bronze, du cuivre dirait-on, et
cela avec l'azur vert du ciel chauffé
à blanc, cela donne une couleur
délicieuse, excessivement harmo-
nieuse, avec des tons rompus à la
Delacroix. »

Vincent Van Gogh, *Lettres d'Arles*

AUTOMNE

*M*enu

Charlotte d'agneau au coulis de poivrons rouges

Loup en croûte de sel, sauce estragon

Poulet sauté à l'ail nouveau

Mousseline d'artichauts

Nougat glacé et son coulis de framboises

Œufs brouillés au caviar d'oursins

Petite nage de soles au safran

Noisettes d'agneau aux olives

Chou vert à l'estragon

Tarte à l'orange « Baumanière »

Charlotte d'Agneau
au Coulis de Poivrons Rouges

POUR 8 PERSONNES

500 g d'épaule désossée
4 tomates
1 oignon
un peu d'huile d'olive
200 g d'aubergines
4 branches de persil
1 petite gousse d'ail
1 jaune d'œuf
1 cuillerée à café de sucre
30 g de beurre
sel, poivre

POUR LE COULIS
DE POIVRONS ROUGES

250 g de poivrons rouges
40 g de beurre
25 cl de crème fraîche

PRÉPARATION DU COULIS DE POIVRONS

Préchauffez le four à 250 ºC.

Coupez les poivrons en deux et retirez les graines. Taillez-les en lanières. Mettez-les dans un plat avec le beurre coupé en petits morceaux et passez au four pendant 10 minutes.

Ajoutez la crème fraîche et laissez cuire encore 5 minutes. Salez et poivrez. Passez au chinois ou à l'étamine. Laissez refroidir.

Préparez une fondue de tomates : enlevez le pédoncule des tomates, taillez une petite croix à leur base et plongez-les 12 secondes dans de l'eau bouillante puis 15 secondes dans de l'eau froide : vous pourrez les peler plus facilement.

Coupez les tomates pelées dans le sens de la largeur et épépinez-les, puis coupez-les en petits morceaux. Épluchez et émincez l'oignon.

Mettez 4 cuillerées à soupe d'huile d'olive dans une sauteuse avec les morceaux de tomate, l'oignon, du sel, du poivre et le sucre. Faites cuire à feu moyen en tournant régulièrement jusqu'à l'obtention d'une purée.

Découpez l'épaule en morceaux, faites-les cuire rosés 2 à 3 minutes dans une cocotte à feu vif, avec le beurre et 1 cuillerée à café d'huile d'olive. Retirez les morceaux. Laissez refroidir puis coupez-les en tout petits cubes.

Dans une sauteuse, faites frire dans 4 cuillerées à soupe d'huile d'olive les aubergines coupées en tranches d'environ 2 millimètres d'épaisseur. Retirez un quart des aubergines et réservez-les.

Versez dans la sauteuse contenant le reste des aubergines, la fondue de tomates, le persil haché, la gousse d'ail écrasée et la viande. Laissez cuire jusqu'à ce que le liquide s'évapore. Retirez du feu et laissez refroidir. Quand le mélange est tiède, incorporez le jaune d'œuf.

Beurrez l'intérieur des 8 ramequins. Mettez au fond et tout autour les tranches d'aubergines réservées à cet effet, puis garnissez avec la préparation à base d'agneau. Couvrez avec une feuille de papier d'aluminium. Mettez au bain-marie à four doux (120 ºC) pendant 10 minutes. Laissez refroidir puis démoulez.

Loup en Croûte de Sel
Sauce Estragon

POUR 4 PERSONNES

1 loup d'environ 1,2 kg
2 kg de gros sel
300 g de farine
10 cl d'eau

POUR LA SAUCE

20 cl de crème fraîche
20 cl de fumet de poisson
10 cl de vin blanc
1 échalote
10 feuilles d'estragon
sel, poivre

POUR LE FUMET

1,5 kg de parures de poissons
(soles, merlans, par exemple)
1 gros oignon
8 branches de persil,
1 pied de céleri-branche
2 cuillerées à soupe d'huile d'olive
1 échalote

Préchauffez le four à 230 ºC.

Videz le poisson, supprimez la nageoire dorsale. Ne l'écaillez pas, afin de le protéger de la croûte de sel.

PRÉPARATION DU FUMET

Faites dégorger les parures de poissons dans une bassine et rincez-les bien pour éviter que le goût du fumet ne soit trop prononcé.

Pelez et hachez l'échalote. Épluchez l'oignon et émincez-le ainsi que le céleri.

Mettez-les avec les parures de poissons dans une sauteuse contenant l'huile d'olive et faites revenir doucement 5 minutes pour leur faire rendre leurs sucs.

Mouillez avec 1,5 l d'eau froide, ajoutez les branches de persil et faites cuire doucement pendant 20 minutes en écumant régulièrement. Passez au chinois. Ne conservez que 20 centilitres et congelez le reste en le répartissant dans des petits gobelets.

PRÉPARATION DU POISSON

Mélangez le gros sel, la farine et un peu d'eau de façon à former une pâte.

Recouvrez le poisson de cette pâte, posez-le sur un plat et faites cuire dans le four pendant 30 minutes.

PRÉPARATION DE LA SAUCE

Pendant que le poisson cuit, préparez la sauce en hachant l'échalote et l'estragon séparément.

Mettez l'échalote dans une casserole avec le vin blanc et le fumet de poisson.

Faites réduire de moitié. Incorporez la crème fraîche et remuez avec un petit fouet.

Ajoutez l'estragon. Poursuivez la réduction jusqu'à l'obtention d'une sauce bien onctueuse. Salez et poivrez selon votre goût. Passez au chinois et maintenez la sauce au chaud sur feu très doux, en la remuant de temps en temps.

Lorsque le loup est cuit, cassez la croûte de sel, posez sur un plat et enlevez la peau. Servez la sauce à part, en saucière.

Poulet Sauté
à l'Ail Nouveau

POUR 4 PERSONNES

1 poulet fermier d'environ 1,8 kg
2 têtes d'ail nouveau
50 cl de bouillon de volaille
1 oignon
5 tomates mûres
30 g de beurre
15 cl de vin blanc sec
2 cuillerées à soupe de graisse d'oie
2 brins de thym
sel, poivre

Épluchez les gousses d'ail. Pochez-les 2 minutes dans de l'eau frémissante.

Égouttez-les et faites-les cuire à feu très doux, dans la graisse d'oie, pendant 15 minutes.

Découpez le poulet en morceaux.

Pelez l'oignon et découpez-le en rondelles.

Mondez et épépinez les tomates, coupez-les en petits dés.

Faites revenir dans 20 grammes de beurre les morceaux de poulet. Faites bien dorer sur toutes les faces.

Dans une casserole, faites revenir l'oignon dans le reste de beurre. Ajoutez les dés de tomates, puis versez le tout sur le poulet. Mouillez avec le vin blanc et le bouillon de volaille. Ajoutez le thym et laissez cuire 30 minutes.

Au bout de ce temps, versez l'ail confit dans la casserole et laissez mijoter 5 minutes afin que le jus s'imprègne bien du parfum de l'ail. Salez et poivrez.

Servez chaud.

Mousseline d'Artichauts

POUR 4 PERSONNES

16 petits artichauts
50 cl de crème fraîche
le jus de 1 citron
1 cuillerée à soupe de farine
5 cl de jus de truffe
10 g de beurre
sel, poivre blanc

Préparez les artichauts : cassez les tiges, retirez les feuilles et les parties dures, dégagez les fonds et enlevez le foin.

Mettez-les à cuire dans un bouillon blanc à base d'eau salée légèrement citronnée et de farine délayée pour éviter que les fonds ne noircissent. Laissez-les cuire environ 40 minutes. Retirez-les, égouttez-les et passez-les au tamis fin au-dessus d'une casserole.

Ajoutez la crème fraîche, le beurre et le jus de truffe dans la casserole maintenue au chaud, et remuez vivement avec un fouet ou une spatule en bois. Le mélange doit être lisse et crémeux sans être liquide. Salez et poivrez.

La mousseline d'artichauts est prête.

Nougat glacé et son Coulis de Framboises

POUR 6 PERSONNES

POUR LA NOUGATINE

220 g de sucre semoule
160 g d'amandes effilées

POUR LE COULIS DE FRAMBOISES

500 g de framboises
150 g de sucre

POUR LE NOUGAT

250 g de sucre semoule
4 blancs d'œufs
50 cl de crème fraîche
250 g de fruits confits assortis

PRÉPARATION DE LA NOUGATINE

A faire la veille.

Faites légèrement griller les amandes au four et remuez de temps en temps pour éviter qu'elles ne brûlent.

Mettez le sucre dans une casserole à feu moyen et remuez continuellement avec une spatule en bois jusqu'à ce qu'il fonde et prenne la couleur du caramel.

Incorporez les amandes et mélangez bien. Versez la préparation sur une plaque de four huilée. Étalez-la uniformément. Quand elle a refroidi, découpez-la en petits morceaux à l'aide d'un couteau.

PRÉPARATION DU COULIS DE FRAMBOISES

Lavez les fruits. Broyez-les au mixer avec le sucre pendant 2 minutes.

Le coulis peut se conserver quelques jours au réfrigérateur ; il se congèle aussi très facilement.

PRÉPARATION DU NOUGAT GLACÉ

Battez les blancs d'œufs en neige très ferme. (Pour mieux travailler les blancs et pour qu'ils tiennent bien, il est préférable de les séparer des jaunes plusieurs heures à l'avance, voire un jour ou deux, et de les amener lentement à température ambiante.)

Mettez dans une casserole le sucre dilué dans 60 centilitres d'eau et faites chauffer sur feu moyen jusqu'à obtention d'un sirop appelé « petit boulé ».

Si vous disposez d'un thermomètre à sucre, il vous suffira d'arrêter la cuisson à 117 ºC. Sinon, vous

pouvez utiliser la méthode suivante : prélevez avec une cuillère un peu de sirop et plongez-le dans un bol d'eau froide ; il doit se former une boule molle. Dès que le sucre est cuit, retirez-le du feu et versez-le sur les blancs montés en neige ; continuez à fouetter pour que le mélange soit homogène. Vous obtiendrez une sorte de meringue.

Fouettez la crème fraîche jusqu'à consistance d'une crème légère. Travaillez-la au frais, surtout en été, la crème se transformant facilement en beurre.

Versez la meringue sur la crème, puis ajoutez les fruits confits coupés en petits dés et la nougatine. Mélangez bien à la spatule.

Répartissez ensuite dans des petits ramequins et mettez au congélateur pour une durée minimale de 2 heures.

Démoulez chaque nougat sur une assiette. Entourez-le d'un peu de coulis de framboises et décorez avec une framboise ou une feuille de menthe.

Oeufs brouillés au Caviar d'Oursins

POUR 2 PERSONNES

6 œufs
le corail de 12 oursins
2 cuillerées à café de caviar
2 cuillerées à soupe de crème fraîche épaisse
2 cuillerées à café de jus de truffe
2 rectangles de pâte feuilletée cuite
50 g de beurre
sel, poivre

Faites épaissir la moitié de la crème avec le jus de truffe. Ajoutez le caviar. Réservez.

Chauffez légèrement le beurre dans une sauteuse à fond épais, ajoutez les œufs battus en omelette ainsi que les coraux, du sel et du poivre. Faites cuire à feu doux et remuez sans arrêt avec une spatule en bois.

Dès que le mélange prend une consistance crémeuse, incorporez le reste de crème fraîche. Rectifiez l'assaisonnement si cela est nécessaire. Répartissez les œufs brouillés sur deux petites assiettes. Nappez du mélange crème-caviar.

Posez dessus les rectangles de pâte feuilletée et servez immédiatement.

Attention : les œufs brouillés continuent à cuire hors du feu, alors servez sans tarder.

Petite Nage de Soles au Safran

POUR 4 PERSONNES

16 filets de sole
160 g de beurre
1 g de safran
300 g de beurre
2 carottes
2 courgettes

POUR LE FUMET DE POISSON

1,2 kg de parures de poissons
(sole, merlan, par exemple)
1 échalote, 1 gros oignon
1 pied de céleri-branche
5 branches de persil
2 cuillerées à soupe d'huile d'olive

PRÉPARATION DU FUMET DE POISSON

Faites dégorger les parures de poissons dans une bassine, en les rinçant bien afin d'éviter que le goût du fumet ne soit trop prononcé.

Épluchez l'échalote et hachez-la. Pelez et émincez l'oignon ainsi que le céleri. Mettez les parures, l'oignon, l'échalote et le céleri dans une sauteuse contenant l'huile d'olive et faites revenir doucement 5 minutes.

Mouillez avec 1,2 l d'eau froide, ajoutez le persil et faites cuire à petits bouillons 20 minutes en écumant régulièrement. Passez au chinois. Vous devez obtenir environ 75 centilitres de fumet.

PRÉPARATION DES LÉGUMES

Épluchez les carottes, cannelez-les à l'aide d'un couteau spécial, puis coupez-les en rondelles et faites-les cuire à la vapeur.

Pelez les courgettes et coupez-les en tronçons de 4 centimètres d'épaisseur, puis coupez chaque morceau en quatre dans le sens de la longueur. Avec un petit couteau à lame fine, donnez aux morceaux une forme ovale en les rabotant. Faites-les cuire aussi à la vapeur.

PRÉPARATION DES SOLES

Coupez dans les soles des goujonnettes, c'est-à-dire des petits filets de 7 à 8 centimètres de long.

Portez le fumet de poisson additionné du safran à petite ébullition. Jetez-y les goujonnettes. Faites-les cuire environ 2 minutes puis retirez-les et mettez-les de côté dans une assiette chaude, couvrez d'une feuille de papier d'aluminium.

PRÉPARATION DE LA NAGE

Augmentez le feu sous le fumet et faites réduire d'un tiers. Montez alors au beurre, c'est-à-dire fouettez la réduction de fumet sur feu très doux en incorporant petit à petit des morceaux de beurre mou.

Disposez les goujonnettes au milieu de chaque assiette, entourez avec les carottes et les courgettes et nappez avec la nage.

Noisettes d'Agneau
aux Olives

1 carré d'agneau de 8 côtes
2 cervelles d'agneau
1 pied d'agneau
1 l de fond de volaille ou de veau
1 cuillerée à soupe de tapenade
(mélange de purée d'olives noires et d'anchois)
2 œufs
100 g de beurre environ
10 olives noires coupées en julienne
un peu de farine
200 g de brocolis cuits
1 oignon
1 tomate
1 carotte
1 poireau
1 pied de céleri-branche
5 cl de vin blanc
1 branche de thym
1 feuille de laurier
1 petit bouquet de ciboulette
2 échalotes
sel, poivre

Demandez à votre boucher de vous désosser le carré d'agneau et de le parer, récupérez les os et les déchets de viande.

Faites revenir les os concassés ainsi que les déchets de viande dans un peu de beurre jusqu'à coloration. Ajoutez l'oignon, la carotte, le poireau et le céleri, épluchés et émincés ; faites suer cette mirepoix pendant 5 minutes, puis déglacez au vin blanc. Mouillez avec 1 litre d'eau, ajoutez le thym et le laurier. Laissez réduire lentement 30 à 40 minutes, en dégraissant afin d'obtenir un jus corsé.

Débarrassez les cervelles de la fine pellicule qui les recouvre ; faites-les dégorger ainsi que le pied d'agneau dans un récipient d'eau froide pendant quelques heures. Rincez-les puis faites-les pocher 10 minutes dans le fond de volaille. Égouttez-les.

Mondez et épépinez la tomate, coupez-la en petits dés. Désossez le pied d'agneau et coupez-le en petits morceaux.

Préchauffez le four à 200 °C.

Ajoutez un peu de beurre dans la sauteuse et faites chauffer à feu vif. Mettez la viande d'agneau à saisir 1 minute de chaque côté puis enfournez pendant 5 minutes environ. Retirez du four et laissez reposer.

Pendant ce temps, préparez les soufflés d'olives :

83

séparez les jaunes des blancs d'œufs ; conservez un jaune que vous mélangerez à la tapenade et aux olives coupées en julienne.

Montez les 2 blancs d'œufs en neige ferme, incorporez-les à cette préparation.

Versez dans de petits ramequins beurrés, faites cuire 2 à 3 minutes à four tiède.

Tandis que les soufflés cuisent, roulez les cervelles

dans de la farine et saisissez-les dans un peu de beurre chaud afin qu'elles soient bien croustillantes.

Faites revenir au beurre les échalotes pelées et hachées, les dés de pied d'agneau et de tomate, parsemez de ciboulette ciselée, salez et poivrez.

Découpez le carré d'agneau en 8 noisettes, disposez-les en demi-cercle dans chaque assiette sur un lit du mélange pied d'agneau et tomate.

Démoulez les soufflés d'olives, mettez-les au centre des assiettes, posez dessus la cervelle ; nappez les noisettes d'agneau de la sauce préparée avec quelques cuillerées de jus corsé, préalablement monté avec 40 grammes de beurre, et parsemez-les de la julienne d'olives.

Prenez les brocolis et glacez-les dans un peu de beurre, dressez-les en couronne sur chaque assiette.

Chou Vert
à l'Estragon

POUR 4 PERSONNES

1 chou vert
3 branches d'estragon
30 g de beurre
sel

Avec un couteau à lame pointue, coupez le trognon du chou et enlevez les feuilles extérieures. Lavez le chou à l'eau froide.

Faites-le blanchir à l'eau bouillante salée 3 minutes. Égouttez-le, rafraîchissez sous l'eau froide et égouttez-le à nouveau.

Coupez le chou en lanières de 1/2 centimètre environ. Faites-les sauter dans le beurre jusqu'à ce qu'elles deviennent tendres. Ajoutez l'estragon et salez.

Servez aussitôt.

Tarte à l'Orange
« Baumanière »

POUR 4/6 PERSONNES

POUR LA CRÈME

60 g de beurre
100 g de jus d'orange
6 œufs
200 g de sucre
1 zeste d'orange

POUR LA PATE SABLÉE

150 g de beurre
250 g de farine
60 g de « tant-pour-tant »
(mélange de 30 g de sucre glace
et de 30 g de poudre d'amandes)
60 g de sucre glace
1 œuf entier

PRÉPARATION DE LA CRÈME A L'ORANGE

Faites fondre le beurre dans le jus d'orange et le zeste finement râpé.

Dans un bol, travaillez les œufs avec le sucre en battant le mélange avec souplesse.

Le beurre ayant fondu, portez à ébullition. Incorporez hors du feu le mélange œufs-sucre. Battez au fouet puis remettez sur le feu. Faites bouillir sur feu moyen en faisant bien attention que la crème n'attache pas au fond de la casserole.

Dès le début de l'ébullition, retirez du feu. Versez dans un bol et laissez refroidir.

PRÉPARATION DE LA PATE A TARTE

Travaillez le beurre pour qu'il ramollisse.

Dans un bol, mélangez le beurre, le tant-pour-tant et la farine à la main, et disposez en fontaine. Ajoutez le sucre glace et l'œuf et pétrissez le tout – le moins longtemps possible –, de façon à obtenir une pâte homogène.

Évitez de trop la malaxer, car vous n'obtiendriez pas la consistance voulue.

Abaissez la pâte au rouleau sur un marbre froid, de préférence, et garnissez-en un moule à tarte assez profond de 20 centimètres de diamètre. Mettez à four chaud pendant 20 minutes, le temps que la pâte commence à dorer.

Retirez du four. Démoulez et posez le fond de tarte sur une grille pour qu'il se dessèche et soit croustillant.

Attendez que la pâte et la crème aient refroidi, puis remplissez le fond de tarte avec la crème à l'orange. Servez.

Vous pouvez réaliser cette recette en remplaçant le jus d'orange par le jus de 3 citrons.

« [...] et alors que j'allais, il me sem-
blait que le vrai bonheur consisterait
à parcourir ce pays à pied, les
après-midi de septembre, quand on
peut s'étendre sur la terre chaude,
dans un creux à l'ombre, en écou-
tant le bourdonnement des abeilles
et le sifflet des bergers mélancoli-
ques... C'était un plaisir d'être à
nouveau en Provence, ce pays où la
terre gris argent est imprégnée de la
lumière du ciel. »

Henry James, *Un petit tour en France*

« Il y avait des nuits privilégiées où, de tous ces feuillages, de ces roseraies oubliées là-haut, se formait une nappe de vapeurs aux odeurs de sucre et de cire fraîche... Alors une ivresse indéfinissable animait et alourdissait à la fois le sang et l'esprit. Le corps se perdait en langueurs, la tête bourdonnait aux tempes. L'automne dans toute sa force, et tout proche de son déclin, troublait déjà la Nature... »

Henri Bosco, *L'Épervier*

HIVER

L'hiver est sans doute la saison du repos pour le jardinier... mais les potagers renferment encore bien des richesses : on y trouve des légumes et des fruits qui résistent à la rigueur, pourtant très relative, de la saison.

Et puisque la nature est moins généreuse, le cuisinier doit faire preuve d'imagination. C'est le temps des lentilles, des fenouils, de la mâche tendre, des châtaignes, des oranges et des mandarines ; mais surtout, c'est l'époque des truffes, des truffes magiques qui, lorsqu'on les déterre, emplissent l'air de leur odeur si prenante, et que l'on trouve, nombreuses, dans le Tricastin.

« La table de l'auberge brille de massepains, de fruits confits, de friandises méridionales sucrées et resucrées ; un bêlement, dehors, nous dit que la messe de minuit vient de finir, et que les bergers remportent, bénis, leurs agneaux sous leur cape. »

Colette, *Belles Saisons*

« Noël à Saint-Tropez... les oranges, les dattes, les petites figues à peau fine, le nougat... le poivre des œillets rouges mariés à l'odeur du safran qui dore le riz des "favouilles"... »

Colette, *Belles Saisons*

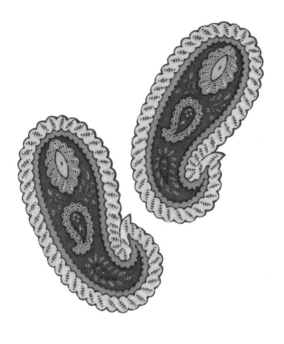

$\mathcal{H}$ IVER

Menu

Petite salade de truffes gourmande

Dorade royale à la crème de romarin

Salmis de canard sauvage

Purée de céleri-rave

Tartelettes aux poires et aux épices caramélisées

Soupe aux moules

Queue de lotte rôtie au four

Filet de bœuf « Baumanière »

Purée de pommes de terre à l'huile d'olive

Gâteau au chocolat « l'Ardéchois »

Petite Salade
de Truffes Gourmande

POUR 2 PERSONNES

80 g de truffes
(du Tricastin, de préférence)
200 g de salade de mâche
1 cuillerée à soupe de vinaigre de xérès
3 cuillerées à soupe d'huile d'olive
1 citron
sel, poivre

Découpez les truffes en rondelles très fines.

Préparez une vinaigrette en mélangeant le vinaigre de xérès et l'huile d'olive.

Ajoutez un filet de jus de citron. Salez et poivrez.

Nettoyez la mâche. Essuyez-la, mettez-la dans le saladier avec la moitié de la vinaigrette et remuez.

Disposez sur chaque assiette un peu de mâche et posez dessus les rondelles de truffes.

Arrosez d'un peu de vinaigrette les rondelles de truffes.

Dorade royale à la Crème de Romarin

POUR 4 PERSONNES

1 dorade d'environ 2 kg
50 cl de crème fraîche
20 cl de fumet de poisson
(voir recette p. 80)
10 g de romarin séché
sel, poivre

Demandez à votre poissonnier de lever 4 filets de dorade de taille égale.

Faites infuser le romarin séché dans le fumet de poisson.

Ajoutez la crème et faites réduire ; la sauce doit épaissir. Passez au chinois.

Gardez au chaud.

Faites cuire les filets de dorade à la vapeur 3 minutes environ. Salez et poivrez.

Disposez chaque filet dans une assiette et nappez avec la sauce.

Dans cette préparation, il faut bien doser le romarin, qui doit rester discret et ne pas couvrir le goût de la dorade.

Salmis de Canard Sauvage

POUR 4 PERSONNES

2 canards colverts
1 oignon
2 échalotes
1 carotte
1 feuille de laurier
1 brin de thym
30 g de farine
45 g de beurre
1 verre à moutarde de madère
2 verres à moutarde de vin blanc sec
2 cuillerées à soupe d'huile
sel, poivre

Videz les canards, salez et poivrez l'intérieur, bridez-les. Hachez les foies. Nettoyez et émincez la carotte, pelez et hachez l'oignon et les échalotes.

Mettez 15 grammes de beurre et l'huile dans la cocotte. Faites cuire les canards 20 minutes à feu moyen en les retournant régulièrement pour qu'ils dorent bien.

Retirez les canards, découpez les suprêmes (blancs) et les cuisses, qui doivent être saignants au milieu.

Maintenez-les au chaud dans un plat recouvert d'une feuille de papier d'aluminium, au four à 60 °C.

Hachez grossièrement les carcasses sur la planche à découper et faites-les revenir 5 minutes dans la cocotte avec l'oignon et les échalotes hachés et la carotte émincée. Déglacez avec le vin blanc, 2 verres d'eau et le madère, de façon à faire fondre les sucs. Au besoin, grattez le fond de la cocotte avec une spatule en bois et remuez. Ajoutez le thym et le laurier, et laissez cuire à feu vif 30 minutes.

Pendant ce temps, préparez un beurre manié en travaillant le reste de beurre et une quantité égale de farine. Versez dans la sauce pour la lier, ainsi que les foies hachés.

Laissez cuire encore 10 minutes, passez au chinois et remettez dans la cocotte avec les suprêmes et les cuisses de canard pour les faire réchauffer 5 minutes.

Ce plat s'accompagne très bien d'une purée de céleri.

Purée de Céleri-Rave

POUR 4 PERSONNES

300 g de céleri-rave
250 g de pommes de terre
40 g de beurre
30 cl de crème fraîche
sel, poivre

Épluchez les céleris et les pommes de terre puis coupez-les en quartiers.

Mettez les céleris dans une casserole d'eau bouillante salée. Après 20 minutes de cuisson, ajoutez les pommes de terre et poursuivez encore 20 minutes.

Égouttez. Passez au moulin à légumes. Incorporez le beurre et la crème fraîche et fouettez bien pour obtenir une purée légère. Salez légèrement et poivrez.

Tartelettes aux Poires
et aux Épices caramélisées

POUR 10 TARTELETTES

2 kg de poires
1,2 kg de sucre
200 g de sucre glace
noix muscade en poudre
6 ou 8 clous de girofle
4 cuillerées à café de gingembre moulu
1 bâton de cannelle
1 zeste de citron
1/2 gousse de vanille

POUR LA PATE

225 g de beurre
225 g de sucre
125 g de poudre de noisettes
225 g de farine
5 g de poudre à lever
5 g d'essence de vanille
6 œufs
2 g de sel
1 zeste de citron râpé finement
5 g de quatre-épices

POUR LA SAUCE CARAMEL

250 g de sucre
50 cl de crème fraîche

PRÉPARATION DES POIRES

Faites un sirop avec 2 ou 3 litres d'eau additionnée de 1 kilo de sucre. Ajoutez les différentes épices.

Préparez un caramel à sec avec le reste de sucre et versez ce caramel dans le sirop afin de le colorer.

Épluchez les poires entières, videz-les par le bas à l'aide d'un vide-pomme.

Faites-les pocher dans le sirop environ 15 minutes ; les poires doivent être cuites mais rester fermes. Laissez-les reposer dans le sirop.

PRÉPARATION DE LA PATE A TARTE

Travaillez le beurre avec le sucre puis ajoutez successivement la poudre de noisettes, la farine, la poudre à lever, les œufs, le zeste râpé, le quatre-épices, la vanille et le sel. Abaissez la pâte et garnissez-en des moules à tartelettes d'environ 10 centimètres de diamètre.

Faites cuire au four préchauffé à 180 ºC pendant environ 15 minutes.

PRÉPARATION DE LA SAUCE CARAMEL

Faites cuire le sucre à feu doux jusqu'à ce qu'il prenne une couleur brune.

Faites bouillir la crème et versez-la sur le sucre. Remuez bien, et tenez au chaud la sauce caramel.

Coupez les poires en tranches verticales de 2 millimètres, mais seulement aux deux tiers de leur hauteur. Disposez-les sur les fonds de tarte. Saupoudrez de sucre glace et faites caraméliser au four, position gril.

Servez aussitôt avec la sauce caramel chaude.

Soupe aux Moules

POUR 4 PERSONNES

1 kg de moules
10 cl de vin blanc
3 tomates
1 oignon
1 poireau
1 carotte
1 gousse d'ail
50 cl de fumet de poisson
(voir recette p. 80)
20 cl de crème fraîche
5 cl d'huile d'olive
1 g de safran
1 bouquet garni
quelques brins de thym frais

Choisissez des moules bien fermées. Grattez-les et ébarbez-les sous le robinet d'eau froide. Mettez-les dans une grande casserole, versez le vin blanc, couvrez et faites cuire 3 minutes en remuant de temps en temps.

Laissez-les refroidir, décoquillez-les et passez le jus au chinois.

Pelez et épépinez les tomates, coupez-les en petits dés.

Préparez une mirepoix en faisant suer l'oignon, le poireau et la carotte, épluchés et coupés en petits

morceaux, dans un peu d'huile d'olive, à couvert pendant 5 minutes.

Ajoutez l'ail écrasé, les dés de tomates et le bouquet garni. Mouillez avec le jus des moules et le fumet de poisson. Laissez cuire environ 30 minutes.

Ajoutez ensuite la crème fraîche et le safran. Laissez réduire de façon à obtenir un velouté. Rectifiez l'assaisonnement. Enlevez le bouquet garni.

Mettez dans chaque assiette creuse quelques moules et quelques brins de thym frais puis versez la soupe.

Queue de Lotte rôtie au Four

POUR 4 PERSONNES

800 g de queue de lotte
1 verre d'huile d'olive
100 g de persil
2 gousses d'ail
1/2 citron

Demandez à votre poissonnier de dépouiller la queue de la lotte de sa peau noire.

Pelez l'ail et retirez le germe. Hachez finement l'ail et le persil, mélangez-les.

Posez le morceau de lotte dans un plat à rôtir, arrosez-le avec l'huile d'olive et le jus du demi-citron.

Faites cuire au four préchauffé à 250 ºC pendant 20 minutes, en arrosant de temps en temps avec le jus de cuisson.

Dès que le morceau de lotte est cuit, disposez-le dans un plat de service, versez le jus de cuisson dessus et saupoudrez avec le mélange ail-persil.

Filet de Bœuf « Baumanière »

POUR 4/6 PERSONNES

1 kg de filet de bœuf
1 bouteille de vin rouge
(côtes du rhône, par exemple)
6 filets d'anchois à l'huile d'olive
80 g de beurre
un peu d'huile d'olive
2 foies de volaille
1 échalote
1 carotte
1 oignon
poivre

Vous pouvez commencer à préparer la sauce la veille, afin que ressortent tous les arômes.

Pelez et coupez la carotte, l'échalote et l'oignon en petits dés, et mettez-les dans le vin rouge sur un feu moyen.

Laissez réduire 30 minutes, puis liez la sauce avec les foies de volaille hachés.

Ajoutez ensuite les filets d'anchois finement écrasés.

Laissez encore réduire quelques minutes, puis passez au chinois.

Laissez reposer 24 heures.

Le lendemain, remettez la sauce sur le feu et faites-la réduire une nouvelle fois jusqu'à ce qu'elle commence à bien épaissir. Il ne doit rester qu'un fond de casserole.

Poivrez le filet, badigeonnez-le d'huile d'olive, faites-le cuire à la poêle dans un peu d'huile d'olive également, selon que vous l'aimez bleu, saignant ou à point.

Pendant ce temps, terminez la sauce en la montant au beurre. Ajoutez-y le beurre ramolli, cuillerée par cuillerée, et battez bien au fouet.

Découpez la viande en tranches épaisses, nappez avec cette sauce.

Servez très chaud, accompagné d'un gratin dauphinois ou d'une purée de pommes de terre à l'huile d'olive.

Purée de Pommes de Terre
à l'Huile d'Olive

POUR 4 PERSONNES

800 g de pommes de terre à chair ferme
50 g de beurre
10 cl d'huile d'olive
20 cl de crème fraîche
sel

Épluchez les pommes de terre. Coupez-les en quartiers, rincez-les et faites-les cuire dans de l'eau bouillante salée.

Dès qu'elles sont cuites, réduisez-les en purée avec un moulin à légumes.

Ajoutez le beurre en battant la purée avec une spatule en bois pour bien la lisser. Incorporez ensuite la crème fraîche chaude et enfin l'huile d'olive.

Salez et servez aussitôt.

Gâteau au Chocolat « l'Ardéchois »

POUR 6/8 PERSONNES

1 boîte de 500 g de crème de marrons

POUR LA GÉNOISE

3 œufs
85 g de sucre
85 g de farine
10 g de beurre

POUR LA MERINGUE

2 blancs d'œufs
125 g de sucre

POUR LE SIROP

80 cl d'eau
120 g de sucre

POUR LA GANACHE

125 g de crème fraîche
150 g de chocolat noir

PRÉPARATION DE LA GÉNOISE

Dans un bol maintenu au-dessus d'un bain-marie très chaud, mettez le sucre et les œufs, et remuez doucement avec un fouet à main, pendant environ 1 minute, jusqu'à ce que le mélange tiédisse.

Retirez du bain-marie et continuez avec le batteur électrique, jusqu'à ce que le mélange soit bien mousseux et forme un ruban.

Incorporez alors délicatement le beurre fondu, puis la farine.

Versez la pâte dans un moule beurré, sans dépasser la moitié de sa hauteur, et mettez à cuire au four à 180 ºC pendant 30 minutes. Quand elle est cuite et refroidie, coupez-la en trois dans le sens horizontal.

PRÉPARATION DE LA MERINGUE

Mélangez les blancs d'œufs et le sucre dans un bol, au bain-marie, pendant 2 minutes. Battez le mélange en neige très ferme.

Sur une feuille de papier sulfurisé beurrée, faites deux disques de meringue de la même dimension que la génoise et faites cuire à four doux (80 ºC) pendant 30 minutes.

Avant de sortir la meringue du four, vérifiez qu'elle est bien cuite.

PRÉPARATION DU SIROP

Mettez l'eau et le sucre dans une casserole sur le feu. Portez à ébullition. Faites bouillir 1 minute. Retirez du feu et laissez refroidir.

PRÉPARATION DE LA GANACHE

Dans une casserole, portez la crème fraîche à ébullition. Ajoutez le chocolat cassé en morceaux. Quand il a fondu, laissez suffisamment refroidir pour faire durcir le mélange.

CONFECTION DU GATEAU

Posez un disque de génoise sur un plat et imbibez-le d'un peu de sirop.

Garnissez d'une couche de ganache. Posez dessus un disque de meringue sur lequel vous étalerez une couche de crème de marrons.

Répétez l'opération en ayant soin de verser un peu de sirop sur les deux faces des deux autres disques de génoise.

Recouvrez l'ensemble du gâteau avec le reste de ganache, en lissant à l'aide d'une spatule et en y dessinant des petites pointes à l'aide d'un couteau pointu.

« Si j'avais un conseil à donner, ce serait de voir le pays par mauvais temps, c'est-à-dire le trois ou quatrième jour d'un mistral d'hiver qui a encore cinq ou six jours à courir. Rien n'est plus bleu que le ciel. Si on veut de l'azur, voilà le vrai. C'est loin d'être une couleur de tout repos comme on l'imagine. L'air est si pur qu'il est devant les yeux comme une loupe. On voit le détail complet des horizons. Telle montagne qui, en temps ordinaire, apparaît à peine comme un liseré bleu, s'est rapprochée à vous toucher avec ses forêts dont on distingue toutes les branches, ses villages dont on voit briller les toits. »

Jean Giono, *Provence*

« [En classant mes plantes], je peux bien les voir et bien en respirer l'odeur fragile ; et je dis leur nom pour moi seul qui les ai cueillies pendant l'été. Je les dis à haute voix, sans crainte qu'on m'écoute. Car je n'ai pas d'autre bonheur que de vivre, caché de tout le monde, dans ce grenier, parmi les plantes et les fleurs des champs. »

Henri Bosco, *Le Mas Théotime*

REMERCIEMENTS

L'auteur et l'éditeur tiennent à remercier Souleiado de son aimable concours à cet ouvrage et les éditeurs suivants pour l'autorisation de publication de leurs textes : © Flammarion, pour les extraits de *Belles Saisons* et de *Prisons et paradis*, de Colette ; © Éditions Bernard Grasset, pour les extraits de *Que ma joie demeure*, de Jean Giono ; © Hachette, pour l'extrait de *Provence*, de Jean Giono ; © Gallimard, pour les extraits de *L'Épervier*, de *L'Enfant et la rivière* et du *Mas Théotime*, d'Henri Bosco.

$\mathcal{I}$ndex

Achevé d'imprimer en juin 1991
par BPCC Hazell Books
Aylesbury, Bucks, Angleterre

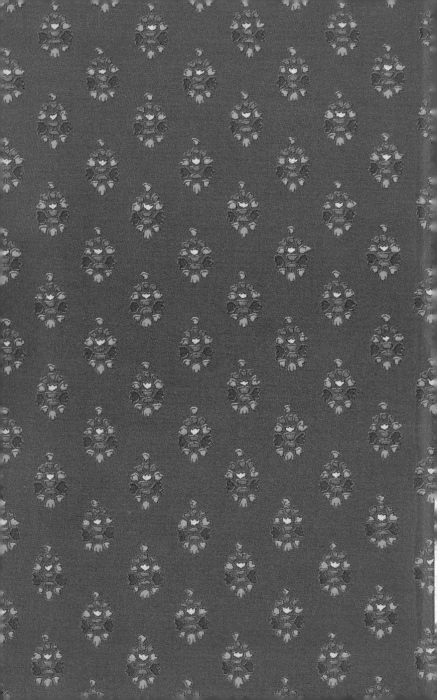